THiLO

# Geschichten vom Piratenschiff

Illustriert von Silke Voigt

www.leseloewen.de

ISBN 978-3-7855-7289-4
1. Auflage 2012
© 2012 Loewe Verlag GmbH, Bindlach
Umschlagillustration: Silke Voigt
Reihenlogo: nach einem Entwurf
von Angelika Stubner
Printed in Germany

www.loewe-verlag.de

# Inhalt

Angriff auf hoher See . . . . . . . . 8

Durst! . . . . . . . . . . . . . . . . 16

Die Meerjungfrau . . . . . . . . . . 24

Ankunft auf der Schatzinsel . . . 31

# Angriff auf hoher See

Auf dem blauen  schaukelt etwas über die . Es ist das kleine  *Miesmuschel*.

Auf diesem  leben vier .

Der  der *Miesmuschel* heißt Papageien-Paule, weil auf seiner  immer ein  sitzt.

„Total tote   heute!", schimpft

Papageien-Paule. Sein  nickt.

„Ja, rote !", krächzt er. Der

hört nämlich schlecht.

Der dicke  Fass stellt einen

großen  auf den  vor dem 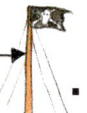.

Dort steht  Läusewilli und zieht

seine  aus der . „Mmmh.

Ich rieche leckeren !"

Doch Fass schüttelt den .

„Heute gibt es keinen ,

sondern  mit !" Läusewilli

rümpft die . „Aber  mit

kochst du doch schon seit !"

Plötzlich fängt das  heftig an zu wackeln. Bob, der kleinste , fällt aus der 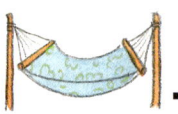. Vor dem  bildet sich . Ein blauer  taucht aus dem  auf.

„Bei meinem 🧹!", brüllt Paule.

„Ein 🐙 greift uns an!" Läusewilli bricht in 👁️ aus. „Und der 🐙 ist riesengroß", jammert er. Auch Bob schlägt sein ❤️ bis zum 🧑.

„Der will  fressen!", ruft

Läusewilli. Er pikst mit seiner

in einen  des . Doch

plötzlich schnappt sich der

den .

Er setzt ihn an seine  und

trinkt die ganze  aus. Dann

verschwindet er wieder im .

„Pri…pri…prima", stottert

Läusewilli. „Dann müssen wir

jetzt doch  essen!"

# Durst!

Es ist 12  mittags. Die  brennt heiß auf das  *Miesmuschel*.

Der dicke  Fass wischt sich mit einem  die  von der .

Der  Papageien-Paule steht am 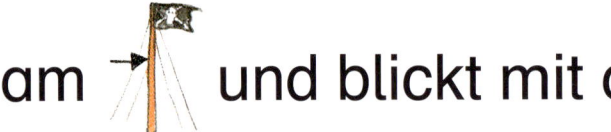 und blickt mit dem  auf das .

„Hey ! Ich bin so durstig

wie ein 🐪 in der 🏜!", brüllt er.

„Ja, her mit der 🖌!", krächzt der 🦜.

Bob, der kleine 🧒, flitzt in die 🍳.

Er kehrt mit einer 🍾 zurück.

„Das ist die letzte 🍾. Und es sind nur noch zwei 👉 breit 〰️ drin", sagt Bob. Läusewilli bricht in 👁️ aus. „Was machen wir jetzt bloß?", jammert er. „Meine 👅 klebt schon an den 👄 fest!"

Papageien-Paule schnappt sich die 🍾 und trinkt sie in einem  leer. „Jetzt gibt es wenigstens keine 🤼 um das letzte ", sagt er zufrieden. Der  Fass macht große 👀.

Nur der kleine   Bob strengt seinen  an. „Um unser  herum ist doch genug ", überlegt er. „Es hat nur zu viel ."

Bob zieht ein  aus seiner

und hängt es schräg zwischen

und  auf. Davor kommt eine

leere . Fass muss einen

voll  aus dem  schöpfen.

Dann stellt er ihn unter das .

„Gut, dass heute die ☀ scheint!", erklärt Bob. „Sie erhitzt das 〰 im 🪣. Deshalb steigt 💨 auf. Der fängt sich im 🧻 und fließt in 💧 daran herunter. Nur das 🧂 im 〰 ist zu schwer und bleibt im 🪣."

Papageien-Paule staunt  .

Schon läuft ein  nach dem anderen in die . Jetzt können alle so viel trinken, wie sie wollen. Ganz ohne sich zu prügeln!

# Die Meerjungfrau

Papageien-Paule sucht schon lange nach einer 🌴, auf der ein 🧰 versteckt ist. Er steht am 🏴‍☠️ und sieht auf eine 🗺️. „Wir sind auf dem richtigen 🏝️!", jubelt er. Doch plötzlich wird die *Miesmuschel* von einer großen 🌊 getroffen.

Das  schaukelt hin und her.

Dem  fällt die  aus der 

und ins . Wie ein  versinkt sie

in den . „Bei meinem !", brüllt

Paule. „Ja, so ein starkes !",

schimpft sein .

„Keine 🗺️ , kein 💰 !", schluchzt Läusewilli. Aber der kleine 👦 Bob schüttelt den 👤. „Vielleicht kann uns der große 🐟 dort vorn helfen?"

Auf einem großen  sitzt eine wunderschöne . Mit einem  kämmt sie sich ihre langen .

Der dicke  Fass wird rot. „Das geht nicht", erklärt er Bob. „Kein  fragt nach dem !"

Bob geht trotzdem zum .

Geschickt lenkt er die *Miesmuschel* ganz nah an die  heran.

„Hallo", sagt er. „Kennst du den  zur  mit dem ?"

Die 🧜 lässt den 🪮 sinken.

„Na klar", antwortet sie freundlich.

„Fahre der ☀️ entgegen, bis sie untergeht. Drehe dann das ⛵ dorthin, wo dein rechter 👆 ist."

Allen  steht der  offen.

Sie verstehen nur . Aber Bob lacht. „Danke, liebe ! So finden wir den !"

# Ankunft auf der Schatzinsel

Auf dem kleinen 🚢 ist es so still

wie in einer 🧰. Papageien-Paule

sucht mit seinem 🔭 das 🌅 ab.

„Wo ist jetzt diese verflixte 🏝 ?",

schimpft der 🧑‍✈️. „Ich brauch doch

keinen 🖌 !", krächzt sein 🦜

empört von seiner 🏴‍☠️.

Plötzlich schreit  Fass aus

dem : „Steuerbord ist eine !"

Der kleine  Bob jubelt begeistert.

Sofort reißt Läusewilli das

herum.

Ehe der  dreimal „schöner "
sagen kann, haben sie die
erreicht. Die 🏴‍☠️🏴‍☠️ werfen den
rostigen ⚓ und springen in den
heißen 🟡 der 🌴.

Fass fällt als Erstes ein  auf.

„Zum 🗃️ da lang", steht darauf.

Daneben ist ein → gemalt.

„Bei meinem 🖌️!", ruft Paule.

„Das ist ja viel leichter als mit

dieser dämlichen 🗺️!"

Läusewilli entdeckt ein zweites  :

„Für den  hier graben!" Daneben

lehnt eine   . Paule beginnt

sofort zu schaufeln.

Als die  schon fast weg ist, stößt Paule auf ⬛. Die 🏴‍☠️ ziehen eine große 🧰 aus dem ⛰️. Papageien-Paule öffnet die 🧰. Sie ist so gut wie leer. Nur ein alter  liegt darin.

„Lieber !", steht darin. „Ich hatte mal viel  und . Aber dann musste ich diese  kaufen. Bei meinem , war die teuer! Sie hat mich alle meine  gekostet."

Papageien-Paule bricht in  aus. „Sei nicht traurig. Du hast doch uns und den !", tröstet ihn Läusewilli. „Genau, kleines !", krächzt der . „Alles gut mit !"

**Die Wörter zu den Bildern:**

 Meer         Rose

 Wellen       Koch

 Piratenschiff   Topf

 Piraten      Tisch

 Kapitän      Mast

 Schulter    Gabel

 Papagei     Hosentasche

 Hose        Braten

 Kopf
 Krake
 Suppe
 Tränen
 Fisch
 Herz
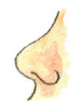 Nase
 Hals
 Ostern
 Lippen
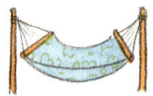 Hängematte
 Uhr
 Schaum
 Sonne
 Arm
 Taschentuch
 Holzbein
 Schweißtropfen

| | | | |
|---|---|---|---|
|  | Stirn |  | Wasser |
|  | Fernrohr |  | Zunge |
|  | Männer |  | Zähne |
|  | Kamel |  | Zug |
|  | Wüste |  | Prügelei |
|  | Bürste |  | Augen |
|  | Kombüse |  | Salz |
|  | Wasserflasche |  | Tuch |
| 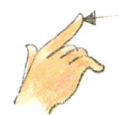 | Finger |  | Steuerrad |

 Eimer
 Stein

 Dampf
 Schwein

 Tropfen
 Fels

 Bauklötze
 Meerjungfrau

 Insel
 Kamm

 Schatz
 Haare

 Schatzkarte
 Segel

 Weg
 Daumen

 Hand
 Mund

 Bahnhof
 Holz

 Schatztruhe
 Brief

 Pinsel
 Gold

 Mastkorb
 Silber

 Anker
 Münzen

 Sand
 Ei

 Schild
 Piratenhut

 Pfeil

 Schaufel

Die ersten 20 Lebensjahre verbrachte **THiLO** in der Kinderecke der elterlichen Buchhandlung. Anschließend schaute er sich in Afrika, Asien und Mittelamerika um, bevor er mit Freunden als Kabarett-Trio „Die Motzbrocken" erfolgreich durch die Lande zog (Grazer Kleinkunstpreis, Hessischer Satirepreis). Heute lebt THiLO mit seiner Frau und vier Kindern in Mainz und schreibt neben seinen Romanen Geschichten und Drehbücher, u. a. für Siebenstein, Sesamstraße, Schloss Einstein und Bibi Blocksberg.
Mehr über THiLO und seine Geschichten erfahrt ihr im Internet unter www.thilos-gute-seite.de.

**Silke Voigt** wurde 1971 in Halle/Saale geboren. Sie studierte in Münster Grafikdesign und Freie Kunst und arbeitet seit 1995 als freiberufliche Grafikerin und Illustratorin. Mit viel Humor zeichnet sie besonders gern lustige und freche Bilder für Erstlesebücher. Kein Wunder, dass sie das so gut kann, denn schon mit vier Jahren hat sie alles, was sie sich gewünscht, aber nicht bekommen hat, einfach aufgemalt. Heute lebt Silke Voigt mit ihrem Mann und ihren Kindern in der Nähe von Münster auf dem Land.

In der Reihe *Bildermaus* erzählen spannende Geschichten von den Abenteuern einer liebenswerten Figur, von einem tollen Schauplatz oder von den schönsten Festen des Jahres. Im Text werden alle Hauptwörter durch kleine Bilder ersetzt, die schon Kinder ab 5 Jahren beim gemeinsamen (Vor-)Lesen erkennen und benennen können. Mit der *Bildermaus* wird das Lesenlernen zu einem echten Vergnügen!